雪中的脚印

〔英〕凯伦·华莱士 著
〔英〕杰克·哈兰 绘
〔北京顺义国际学校〕曹 翟 黄耀庆 徐子熙 译

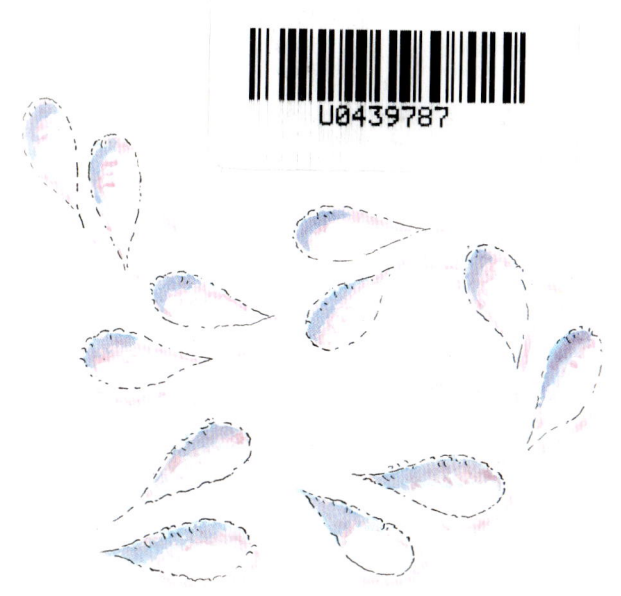

北京大学 出版社
PEKING UNIVERSITY PRESS

著作权合同登记号　图字：01-2013-1869

图书在版编目(CIP)数据

侦探狗/(英)凯伦·华莱士(Wallace, K.)著；(英)杰克·哈兰(Harland, J.)绘．—北京：北京大学出版社，2013.4
(我爱读中文分级读物.第五级)
ISBN 978-7-301-22287-4

Ⅰ.①侦…　Ⅱ.①华…②哈…　Ⅲ.汉语－阅读教学－对外汉语教学－自学参考资料　Ⅳ.①H195.4

中国版本图书馆CIP数据核字(2013)第047913号

Peking University Press is authorized by Hodder and Stoughton Ltd. to Publish and distribute exclusively this simplified Chinese edition.
Hodder and Stoughton Ltd.
338 Euston Road, London, NW1 3BH, England

书　　　　名：	侦探狗
著作责任者：	〔英〕凯伦·华莱士　著
	〔英〕杰克·哈兰　绘
	北京顺义国际学校　译
丛书策划：	王飙　邓晓霞
责任编辑：	周鹂
标准书号：	ISBN 978-7-301-22287-4 / H·3274
出版发行：	北京大学出版社
地　　　址：	北京市海淀区成府路205号　100871
网　　　址：	http://www.pup.cn　新浪官方微博：@北京大学出版社
电子信箱：	zpup@pup.cn
电　　　话：	邮购部 62752015　发行部 62750672
	出版部 62754962　编辑部 62752028
印　刷　者：	北京大学印刷厂
经　销　者：	新华书店
	889毫米×1194毫米　32开本　4印张　11千字
	2013年4月第1版　2013年4月第1次印刷
定　　　价：	68.00元

未经许可，不得以任何方式复制或抄袭本书之部分或全部内容。
版权所有，翻版必究
举报电话：010-62752024　电子邮箱：fd@pup.pku.edu.cn

感谢北京京西学校GEOFFREY ANDREWS先生、王文静女士与北京顺义国际学校赵马冰如女士的策划组织,以及两校小学中文师生为这套书的出版所做的出色工作!

冬天来了。下雪了,农场里的动物们都挤在一起取暖。

第二天早上,奶牛醒了,朝外面的田野上望过去。

"这是谁在雪地上留下的脚印？"她问。

"可能是狐狸。"花猫说。

"不可能,这些脚印太大了。"奶牛说。

"可能是狼!"小马说。

"也可能是雪怪！"绵羊说，她吓得浑身发抖，像果冻一样，"我不喜欢雪怪。"

"世界上根本就没有什么雪怪！"侦探狗说。

"可是,你看,到处都是脚印!"绵羊说。

"侦探狗,你一定要抓住这个怪物。"花猫说,"我们很害怕。"

"别害怕,花猫。我会找出是谁留下这些脚印的。"侦探狗说。

可是，那一天，奶牛不产奶了……

母鸡不生蛋了……

花猫也不抓老鼠了……

动物们都吓坏了。

兔子钻进洞里不敢出来……

连小马和绵羊都害怕得吃不下东西了。

农夫很不高兴。他的农场乱了套,可是他不知道该怎么办。

"动物们都怎么了？"他问侦探狗。

那天晚上，侦探狗守了一夜。早晨，他看到农夫走了出去。

侦探狗跟在农夫后面。

侦探狗看见农夫穿上一双奇怪的鞋,然后才往雪地里走。

侦探狗走近了仔细查看。原来是那双鞋在雪地上留下了大脚印。

侦探狗急忙跑回农场。

"是农夫的鞋!"他喊道,"他有一双可以在雪地上走路的鞋!根本没有什么雪怪!"

"太棒了，侦探狗！"动物们一起欢呼，"你是世界上最好的侦探！"

那一天，母鸡生了一个蛋，花猫抓了一只老鼠，奶牛也产了很多奶。

最重要的是，农夫也高兴了。

那天的早餐，他吃上了鸡蛋，也喝上了奶茶。

侦探狗真是太棒了!

START READING CHINESE is a series of highly enjoyable books for beginning learners of Chinese. It is adapted and translated from the English reader START READING. The translators are teachers and students from international schools, so the books have been carefully graded to match the Book Bands widely used in schools. This enables readers to choose books that match their own reading ability.

Look out for the Band colour on the book in our Start Reading Chinese logo.

《我爱读中文》是一套可读性极强的分级读物,非常适合中文初学者阅读。这套书是从英语读物 *START READING* 翻译改编而来,译者都是国际学校的老师和学生,他们知道同级读者的中文水平,所以,翻译时严格控制中文的难度,使之符合国际上广为采用的学校读物等级标准。这有助于读者根据自己的中文水平选择适合自己阅读的图书。

请注意《我爱读中文》标识上的等级色。